INVENTAIRE

V56153

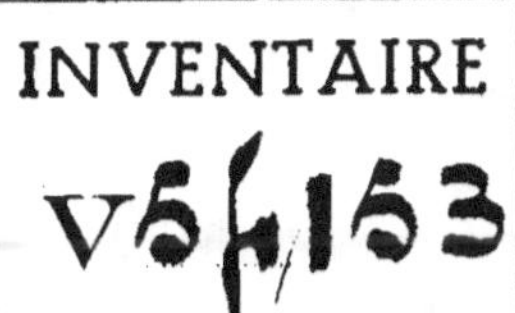

TRAITÉ
DE LA NATATION

OU L'ART DE NAGER EST DÉMONTRÉ

AVEC LA PLUS GRANDE PRÉCISION

Suivi de considérations sur les traitements hydrothérapiques, et sur l'effet hygiénique
des bains froids et des bains chauds.

PRIX : 50 cent.

PARIS. — DESLOGES, RUE DE LA MONNAIE, 7.

LA NATATION

NATURELLE A L'HOMME

ET

L'ART DE NAGER

Suivi de Considérations sur les Traitements
HYDROTHÉRAPIQUES et sur l'effet hygiénique
des **BAINS FROIDS** et des **BAINS CHAUDS**

ORNÉ DE PLANCHES

7e édition.

PARIS

DESLOGES	DEVRESSE
Libraire-Éditeur	Libraire,
RUE DE LA MONNAIE, 7.	RUE DE RIVOLI. 55.

TYPOGRAPHIE LESGUILLON, ROUBAIX.

LA NATATION

NATURELLE A L'HOMME

Notions préliminaires.

La natation est, de tous les exercices musculaires, celui qui est le plus favorable à la santé, parce qu'il met tous les muscles en action, et que ceux-ci agissent sans causer aucune déperdition de sueur ; cependant, si l'on dépasse la limite de ses forces, il survient une courbature ou une petite fièvre.

Pour retirer tous les avantages possibles de la natation, comme moyen hygiénique, il faudrait s'y livrer tous les jours, d'abord pendant un quart d'heure seulement, puis pendant une demi-heure, et augmenter toujours, sans jamais aller jusqu'à la fatigue. Les forces croîtraient ainsi par l'exercice, et l'on pourrait, au bout de peu de temps, nager pendant plusieurs heures consécutives. Mais lorsqu'on se livre à la natation, on veut de suite tout savoir : on fait dans l'eau des mouvements désordonnés, on prend des habitudes mauvaises qu'il est ensuite fort difficile de réformer. Il faut apprendre fort peu de chose à la fois, mais apprendre avec soin : c'est ainsi qu'on n'oublie jamais.

Il est presque aussi naturel de nager que de marcher. Si l'on se pénètre bien du mode d'exécution des principaux mouvements, on peut en quelques leçons exécuter toutes les variétés imaginables de natation.

Il serait impossible de nager longtemps de la même manière ; il y a telle manière de nager qui laisse reposer les bras, telle autre qui ne nécessite pas l'action des jambes, telle autre où tout le corps est en repos. On entremêle tous ces modes de natation selon le caprice, la circonstance, ou pour reposer le membre le plus fatigué.

On a dit que l'homme n'était pas conformé pour la natation. Cette assertion est tout à fait fausse. Il est mieux conformé pour la natation que la plupart des animaux ; ceux-ci ont presque tous des membres très-grêles, qui ne leur permettent pas d'autres mouvements dans l'eau que ceux qu'ils emploient habituellement pour marcher. Aussi se fatiguent-ils beaucoup, tandis que l'homme, avec ses larges membres, a bien plus de facilité pour prendre un point d'appui sur l'eau. La seule circonstance favorable dans la conformation des animaux consiste en ce que leur tête est déjà disposée pour la station horizontale, et que leur corps peut être à une certaine distance sous l'eau, sans que pour cela ils soient privés d'air, puisque l'orifice destiné à la respiration est placé à l'extrémité d'un museau plus ou moins long.

Chez nous, cet avantage est plus que compensé, puisque nous pouvons rester sur le dos sans être submergés, en ne laissant hors de l'eau que le nez et la bouche, et sans faire aucun mouvement ; c'est ce que très-peu d'animaux pourraient faire. Parmi les hommes, il y en a qui se maintiennent ainsi plus ou moins facilement, mais il est certain que l'individu le plus défavorablement conformé pour la natation peut le faire.

Tout homme qui se plonge dans l'eau en déplace un volume dont le poids est supérieur au sien ; aussi l'eau le repousse-t-elle toujours à sa surface ; la graisse, qui est plus légère que l'eau, vient encore augmenter cette légèreté, lorsqu'on en est abondamment pourvu. Les porcs très-gras, quand ils nagent, ne disparaissent pas en entier sous l'eau, comme les autres animaux ; on les dit meilleurs nageurs, ils sont seulement plus légers. Les hommes gras surnagent aussi plus facilement que les gens maigres. Quant à ceux-ci, comme leur poids spécifique n'est pas de beaucoup inférieur à celui de l'eau, ils doivent avoir la précaution de toujours dilater leur poitrine le plus possible, et d'y garder continuellement beaucoup d'air ; en agissant ainsi, leur volume augmente, et ils deviennent plus légers, comparativement à l'eau.

La pesanteur spécifique n'est pas la même pour toutes les parties du corps. Si l'on coupait les cuisses, la tête ou les bras d'un homme, tous ces membres tomberaient immédiatement au fond de l'eau, parce qu'ils sont plus lourds, étant composés d'os et de muscles recouverts de très-peu de graisse. Le ventre, au contraire, contient les intestins, qui renferment toujours des gaz quelconques en plus ou moins grande quantité ; et la poitrine, dans toute sa largeur, ne contient guère que de l'air, car les poumons, s'ils étaient comprimés et privés d'air, formeraient un très-petit volume. Les jambes et les cuisses étant plus lourdes que l'eau, doivent donc toujours tendre à se diriger vers le fond; la tête, plus lourde aussi que l'eau, est soutenue par la poitrine qui est beaucoup plus légère ; mais tout le long du dos se trouve la colonne vertébrale avec ses muscles, qui alourdissent beaucoup la partie postérieure ; aussi le centre de gravité du corps humain, dans l'eau, est-il un peu au-dessous du creux de l'estomac, c'est-à-dire que si l'on voulait y suspendre un corps humain dans un équilibre parfait, il faudrait que la corde passât par ce point.

Tout ce que je viens de dire prouve ce que l'expérience nous avait appris depuis longtemps, c'est que la position la plus naturelle de l'homme dans l'eau est d'être un peu renversé en arrière, en ne laissant hors de l'eau que le nez et la bouche. Dans cette position, l'homme le moins expérimenté dans l'art de la natation pourrait descendre un fleuve jusqu'à la mer, s'il n'avait pas besoin de nourriture, et si la température de l'eau était assez élevée pour que le froid ne lui causât pas un engourdissement général. Si l'on veut se soutenir longtemps sur l'eau dans cette position, il ne faut faire aucun mouvement, avoir soin seulement de *maintenir toujours sa poitrine pleine d'air*, et d'en exhaler peu à la fois.

Je ne saurais trop recommander à tous les nageurs d'exécuter ce que je viens de dire, c'est-à-dire de se laisser aller sans crainte, et surtout sans mouvement. Lorsqu'ils auront vu avec quelle sécurité on peut ainsi se laisser entraîner à la dérive, ils pourront employer ce moyen lorsqu'ils seront fatigués, ou qu'une crampe des deux jambes, ou d'une jambe ou d'un bras, pourrait leur faire courir quelques risques ; ou bien encore, en temps de guerre, par exemple, on peut passer ainsi tout près des sentinelles ennemies, porter un ordre, traverser une armée. Si l'on était obligé de passer assez près d'elles pour qu'on pût reconnaître le nez et le front d'un être humain, on pourrait se couvrir la tête d'une touffe de feuilles ou de roseaux qui permettrait de respirer, et qui aurait l'air de suivre le courant.

Ce que nous avons dit plus haut du centre de gravité deviendrait aussi très-utile à connaître pour exécuter certains mouvements. Ainsi, supposons le nageur dans cette position naturelle que je viens de décrire, n'ayant que le nez et la bouche hors de l'eau ; s'il veut relever ses pieds à la surface, il n'a qu'à aspirer une grande quantité d'air, et la poitrine tendra à s'élever à fleur d'eau; en même temps, s'il renverse la tête fortement en arrière, il se produit un mouvement léger de bascule, et les pieds arrivent à la surface de l'eau.

Si un instant après il plie la tête sur la poitrine, le contre-poids n'existera plus, et les pieds tendront encore à se diriger vers le fond.

S'il veut se tourner sans prendre le point d'appui sur l'eau, il n'a qu'à écarter un bras du corps, il sentira ce côté s'infléchir doucement; s'il veut se tourner plus rapidement, il n'a qu'à pousser l'eau avec la main du côté et dans le sens opposé à celui vers lequel il veut se diriger, et tout le corps roulera comme sur un axe.

Je recommande beaucoup aux personnes qui veulent savoir bien nager de s'occuper avec soin des principes tant qu'elles apprennent ; mais aussitot qu'elles les possèdent, de s'en affranchir et de chercher d'elles-mêmes à exécuter dans l'eau toutes les manœuvres possibles. Ainsi : rouler sur soi-même, tourner comme sur un axe qui traversait du nombril au dos, ou d'un flanc à l'autre, ou du dos au nombril, entremêler toutes les manières de nager, se jeter à l'eau avec ses habits, porter dans l'eau des objets de plus en plus lourds ; enfin se familiariser assez avec cet élément pour pouvoir, dans l'occasion, se tirer soi-même ou tirer son semblable d'un danger pressant.

Les Précautions.

On craignait beaucoup autrefois de se baigner
durant la canicule, et beaucoup de personnes
partagent encore maintenant cette crainte. C'est
un préjugé qui se perd tous les jours, et qui n'a
aucun fondement. Les rayons d'un soleil ardent
sont nuisibles en tout temps, si l'on ne cherche
pas à s'en garantir.

Lorsqu'on veut se baigner dans l'eau froide, il
faut attendre trois ou quatre heures après un
repas, et ne jamais se mettre à l'eau tant qu'on
est en sueur; il pourrait en résulter de graves
accidents. Lorsque la transpiration est bien arrê-
tée et que l'on commence à sentir le froid de l'air,
on se mouille la tête et le cou à l'aide des deux
mains, ou bien on plonge brusquement, afin
d'éviter la sensation pénible que l'on éprouve
dans la région du cœur, si l'on entre dans l'eau
lentement.

Il ne faut jamais se baigner dans un endroit inconnu, à moins de savoir fort bien nager. En général, il est bon de choisir un fond de sable fin qui vienne en s'élevant peu à peu sur le rivage, et toujours éviter les endroits où les berges sont à pic, parce que les courants y sont ordinairement très-rapides, et qu'il est très-difficile d'aborder.

On doit aussi ne jamais nager dans les environs d'un courant trop violent, parce qu'on peut être entraîné, et que, si l'on rencontre sur son passage un bateau, un train de bois ou un moulin, on courrait les plus grands dangers. Lorsqu'un nageur périt, c'est ordinairement par imprudence.

Il n'y a qu'un coup de sang (apoplexie) qui puisse tromper toutes les prévisions, et encore si les hommes sanguins, apoplectiques, ne prenaient jamais des bains trop froids, s'ils ne se baignaient pas en plein soleil, ils éviteraient presqu'à coup sûr cet accident.

Les Herbes.

On a attribué beaucoup de malheurs à des herbes qui enveloppent, dit-on, les jambes des nageurs et les attirent au fond de l'eau : cela est tout à fait impossible. Les herbes que l'on rencontre gênent, il est vrai, les mouvements ; mais si un membre s'en trouve entouré, on les casse, ou on les fait glisser avec la main ; pour cela il ne faut que du sang froid.

Si, au contraire, lorsqu'on se sent pris par un membre on se met à se débattre et à faire des mouvements désordonnés, on épuise ses forces ; dans sa frayeur on respire pendant que la bouche se trouve dans l'eau, on suffoque, la frayeur augmente, et l'on s'évanouit ; c'est ainsi qu'on se noie la plupart du temps.

Parmi les herbes que l'on rencontre dans l'eau,

il y en a dont les grandes feuilles rubanées sont garnies sur leurs bords de petites aspérités tranchantes qui entament la peau. Le meilleur moyen de les éviter consiste à nager sur le dos pour passer par-dessus.

Les Tourbillons.

Dans certaines rivières, plusieurs courants secondaires forment, en se rencontrant, des tourbillons qui dirigent au fond de l'eau tout ce qui nage à sa surface. Si l'on approche par mégarde d'un de ces tourbillons et qu'on se sente entraîné par le courant, il faut se laisser aller à l'impulsion de l'eau, car elle ne vous entraîne que pour vous rejeter plus loin ; lorsqu'on se sent déjà en dehors du courant, on fait quelques brasses énergiques et l'on s'en est bientôt éloigné.

La Crampe.

La crampe est une contracture persistante d'un muscle, elle est causée soit par une prédisposition native, soit par un mouvement trop brusque, elle a pu quelquefois causer la mort de nageurs inexpérimentés.

Pour la faire cesser, il faut d'abord ne pas s'en effrayer, elle ne présente aucun danger pour celui qui s'est habitué à nager sans le secours des bras ou des jambes. Il faut faire ce que l'on ferait si la crampe vous prenait à terre : *étendre le membre raccourci*, et se tourner sur le dos en remplissant largement la poitrine d'air afin de pouvoir surnager assez longtemps pour laisser la crampe se calmer.

Les personnes qui y sont sujettes peuvent s'en préserver, en portant autour du muscle qui se contracture souvent, une ficelle légèrement serrée.

Les Aides.

On nomme *aides* tout ce qui peut soutenir le nageur sur l'eau : une corde, une sangle, un réservoir de tissu-caoutchouc rempli d'air, ou un plastron de liège fixé sur le dos, ou une planche qu'on pousse devant soi avec les mains.

Tous ces moyens sont bons en ce qu'ils vous rassurent contre le danger, mais ils ont l'inconvénient de rendre l'étude de la natation fort longue en entretenant la timidité du nageur.

Il faut avant tout se familiariser avec l'eau, et lorsqu'on a pu se convaincre de la facilité avec laquelle un homme peut surnager, même sans faire de mouvements de natation, on étudie avec plus de sang-froid et on apprend plus vite. C'est alors que la ceinture de caoutchouc, le plastron de liège, ou la sangle, permettront à l'élève, pendant quelques leçons, d'exécuter tous les mouvements selon les règles, sans se préoccuper de la nécessité de se maintenir sur l'eau.

Mais les ceintures peuvent glisser jusqu'aux hanches, les vessies peuvent se rompre, les calebasses peuvent se détacher, et causer la mort de ceux qui placent leur confiance en des aides si infidèles, au lieu d'étudier les principes simples et faciles de natation que nous allons exposer.

Principes de la Natation.

On ne doit jamais se baigner seul ; il y a mille accidents imprévus qui peuvent devenir dangereux si l'on ne peut compter sur l'aide de personne.

Pour apprendre à nager en peu de temps, il faut d'abord entrer dans l'eau dans un endroit où l'on en ait jusqu'à la ceinture ; dans l'eau de mer de préférence, parce que sa densité étant plus grande on s'y soutient plus facilement.

On se place à la distance de deux ou trois pieds

d'un but quelconque, un poteau, un treillage auquel on puisse se retenir ; puis on s'élance à la surface de l'eau sans secousse, sans mouvements, les mains dirigées en avant, la tête entre les bras et dans l'eau, les jambes étendues et rapprochées, on se laisse glisser jusqu'à ce que les mains puissent atteindre le but vers lequel on se dirige.

Lorsqu'on a fait cet exercice plusieurs fois et qu'on s'est un peu familiarisé avec l'eau, on s'élance d'un peu plus loin ; et lorsqu'enfin on est trop loin pour pouvoir arriver au but en s'élançant du fond et en se laissant glisser à la surface de l'eau, on donne un coup de jarret pour achever le chemin.

Pour bien donner le coup de jarret, il faut bien se persuader que l'impulsion de la plante du pied agit fort peu pour la progression du nageur ; c'est en rapprochant les cuisses qu'on s'appuie sur l'eau et qu'on avance le plus facilement ; les cuisses agissent alors simultanément comme la queue d'un poisson ou le gouvernail d'un bateau, à côté duquel un autre ferait les mêmes mouvements.

On peut aussi s'habituer à bien exécuter les mouvements des jambes, en poussant devant soi une planche de liége qui, en donnant aux mains un point d'appui et la sécurité nécessaire pour apprendre, permette de n'avancer qu'à l'aide du mouvement des membres inférieurs.

Ainsi donc pour donner le coup de jarret, il faut plier les genoux, puis étendre les jambes en les écartant de manière à embrasser beaucoup d'eau, puis les rapprocher avec force, mais avec régularité. C'est là le mouvement le plus puissant dans la natation. L'action des mains est beaucoup moins importante. On répéte ce coup de jarret autant de fois qu'il est nécessaire pour arriver au but, mais toujours avec lenteur. On ne le recommence que lorsque l'impulsion du précédent est épuisée. En s'éloignant ainsi toujours de plus en plus du but vers lequel on se dirige, on finit par ne plus pouvoir faire le trajet sans respirer, c'est alors seulement qu'on essaie de faire les mouvements des bras que je vais indiquer.

Lorsqu'on veut respirer après avoir eu la tête dans l'eau, il faut chasser un peu d'air avec le nez, assez brusquement pour le débarrasser de l'eau qui s'est introduite dans les narines, expirer le reste de l'air par la bouche, et ne reprendre haleine que lorsque le pourtour des orifices du nez et de la bouche n'est plus mouillé au point d'empêcher le passage de l'air. Si l'on ne prend pas cette précaution, on peut, en respirant brusquement, introduire de l'eau dans le larynx, ce qui pourrait suffoquer, ou au moins causer un accès de toux.

En général, dans toutes les manières de nager, il est important de ne pas tâcher de maintenir la tête hors de l'eau, on ne peut y réussir qu'avec les plus grands efforts. Il est bien préférable de laisser la face plongée dans l'eau et de respirer chaque fois que la poitrine est soulevée par l'action des mains, lorsque les bras descendent en en s'appuyant sur l'eau.

De la brasse.

La brasse est, de tous les modes de natation,
celui dans lequel on peut obtenir la plus grande
vitesse de progression avec le moins de fatigue.

Presque tous les peuples de la terre emploient cette manière de nager.

Fig. 1. *Position du corps au moment du départ.* Les coudes touchant le corps, les mains rapprochées l'une de l'autre près de la figure, les jarrets ployés (*), les talons réunis près des fesses, et les cuisses à plat sur l'eau.

Fig. 2. *Première partie, impulsion.* Premier mouvement : allonger mollement les bras en avant, et donner le coup de jarret bien écarté, comme si un ressort poussait à la fois les bras et les jambes. Deuxième mouvement : rapprocher fortement les cuisses, les jarrets tendus, et mettre les mains à plat sur l'eau en les écartant.

Deuxième partie, respiration. Décrire un demi-cercle avec les bras en s'appuyant obliquement sur l'eau, de manière à faciliter la respiration qui se fait en ce moment, ployer en même temps les jarrets et rapprocher les talons des fesses ; lorsque les mains ont décrit le demi-cercle, elles se retrouvent, ainsi que les pieds, dans la position du départ.

(*) Ce que le dessinateur a omis.

Du reste pour bien se rendre compte des mouvements à faire, il faut les exécuter d'abord à terre, sur un tapis, sur une table, ou en travers d'un lit. Il est bien plus facile ensuite de les faire dans l'eau.

La Marinière.

Fig. 4. C'est une modification de la brasse :
Première partie. Le nageur est légèrement pen-

ché sur le côté droit, le bras droit reste tendu en avant pour fendre l'eau et aider à soulever la tête par un mouvement de va-et-vient, pendant que le bras gauche rase le corps dans toute sa longueur en s'appuyant sur l'eau afin d'avancer pendant que l'on donne le coup de jarret, en écartant les jambes.

Deuxième partie. Étendre en avant le bras gauche et raser le corps avec le bras droit en s'appuyant sur l'eau pendant que les cuisses se rapprochent avec force.

La marinière est une manière de nager assez rapide, mais plus fatigante que la brasse. On s'en sert surtout lorsqu'on veut franchir un courant, ou se diriger vers un objet quelconque que l'on puisse saisir avec la main qui est en avant.

La coupe.

Fig. 5. La coupe est la manière la plus élé-
gante de nager ; elle est aussi la plus énergique
et la plus rapide ; on l'emploie surtout lorqu'on
veut se tirer d'un danger pressant ; les grands
efforts qu'elle nécessite contribuent beaucoup
au développement de la poitrine : mais c'est
aussi la plus fatigante : il est impossible de
l'employer longtemps.

Supposons, pour position de départ, le bras
droit tendu en avant, le bras gauche en arrière,
le long du corps, les jarrets tendus et les jambes
rapprochées, la tête un peu enfoncée dans l'eau
pour que le corps soit dans une position bien
horizontale.

La main droite exécute un double mouvement
de *godille* ou d'aviron, pour soulever la tête et
laisser respirer. Après s'être portée en dehors,

puis en dedans, elle passe rapidement sous la poitrine pour faire effort dans l'eau avant de sortir en arrière.

Pendant ce temps, le bras gauche de l'arrière se dégage légèrement de l'eau, et passe, tendu horizontalement, au-dessus de sa surface pour se porter en avant, en tenant la première phalange des doigts ployée : ce qui donne à la main une forme concave ; la main gauche se trouve alors en avant et la main droite en arrière, chacune rame à son tour, en faisant les mêmes mouvements.

Les jambes se rapprochent du corps au moment de la respiration, et, lorsque le coup de jarret se donne, la main de l'avant s'ouvre et la tête se baisse.

Cette manière de nager nécessite une dépense de forces bien plus grande que pour la *brasse* et la *marinière ;* la respiration en est très-gênée, et l'ensouflement, qui arrive bientôt, empêche de continuer longtemps la *coupe.*

La brasse sur le dos.

Fig. 3. C'est la manière de nager la plus facile et la moins fatigante, mais elle empêche de voir devant soi, et d'éviter ainsi les obstacles ou les dangers qu'on pourrait rencontrer.

Il faut choisir un endroit où l'on ait de l'eau jusqu'aux aisselles, se pencher en arriére, les bras écartés jusqu'à ce qu'on perde l'équilibre, décrire un cercle avec chaque bras, et donner une impulsion au fond de l'eau avec les pieds : le corps surnage aussitôt; on approche fortement des cuisses les deux bras, et l'on ramène les talons aux fesses ; on donne le coup de jarret au moment où les mains s'éloignent du corps en décrivant un demi-cercle pour aller chercher l'eau le plus en arriére possible.

La Planche.

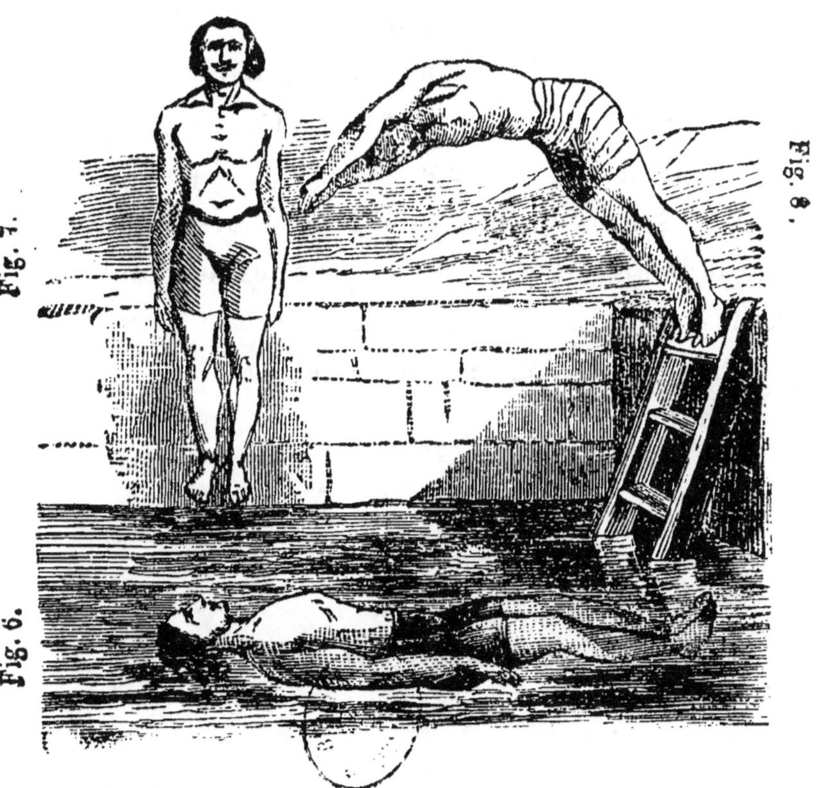

Fig. 6. On commence comme pour la *brasse sur le dos*, et lorsque l'impulsion a fait surnager le corps horizontalement à la surface de l'eau, on étend les bras le long du corps, et on imite

avec les mains les mouvements des nageoires latérales des poissons ; les jambes sont étendues l'une contre l'autre ou croisées.

Lorsqu'on a acquis par l'exercice l'habitude de bien faire agir les mains sans plier l'avant-bras sur le bras, on peut, avec cette manière de nager, remonter un courant assez fort.

Cette manière de nager est très-utile pour traverser les eaux garnies d'herbes, et lorsqu'on est pris d'une crampe dans les muscles des jambes ou des cuisses. La seule précaution à prendre pour bien surnager est de maintenir la poitrine bien gonflée d'air.

Autres manières de nager

On peut modifier de mille manières les différents types de natation dont nous venons de parler ; ainsi l'on nage sur le ventre, les mains en avant, avec les pieds seulement.

On se maintient droit dans l'eau par quelques mouvements des bras et des jambes.

En faisant la planche, on peut donner des coups de jarret sans faire la brasse avec les mains.

On peut nager assis, valser dans l'eau, nager avec les bras seulement, en maintenant les jambes étendues.

Il y a encore une manière de nager usitée seulement chez quelques peuplades sauvages : c'est *nager en chien;* on emploie ainsi beaucoup de force sans beaucoup de résultats; les mouvements précipités que l'on fait se nuisent entre eux, et il faut beaucoup d'habitude de ce genre de natation pour en tirer tout le parti possible. J'ai vu des nègres qui remontaient ainsi des courants rapides. Mais c'est toujours une manière de nager fatigante et disgracieuse.

Le Plongeon.

Lorsque l'on veut *plonger*, il faut faire la bascule, la tête en avant, nager entre deux eaux, et se diriger par des mouvements de bras et de jambes bien réguliers vers le fond de l'eau ; les yeux doivent être ouverts, et ils distinguent assez bien les corps qui se trouvent à peu de distance. Si l'on cesse de se diriger vers le fond, la tête en bas, l'eau vous reporte très-rapidement à sa surface.

On peut rester ainsi plus ou moins longtemps sous l'eau. C'est beaucoup de rester une minute sans air ; quelques plongeurs cependant ont pu ne reparaître qu'après deux ou trois minutes,

Si l'on veut *sonder* seulement la profondeur de l'eau, il faut, par de vigoureux coups de jarrets, s'élever autant que possible au-dessus de l'eau, puis se laisser aller au fond ; le poids du corps soulevé au-dessus de l'eau suffit ordinairement pour lui communiquer l'impulsion nécessaire. On juge ainsi de la hauteur du liquide et de la nature du terrain qui en forme le fond.

On se jette à l'eau de toutes les manières quand la hauteur du bord n'est pas grande ; mais quand elle excède un ou deux pieds, on donne, avec d'autant plus de précaution que la distance à parcourir est plus grande, un *pied devant* ou une *tête*.

Fig. 7. — Pour se jeter les *pieds* les premiers, il faut se lancer de manière à tomber dans l'eau bien verticalement, la tête renversée en arrière et les jambes rapprochées l'une de l'autre ; si l'on ne prend pas ces précautions, le choc de l'eau peut être très-douloureux.

Fig. 8. — Pour se jeter la *tête* la première, il faut choisir un endroit suffisamment profond, et se lancer obliquement de manière à décrire en l'air une courbe et à tomber dans l'eau en présentant le moins de surface possible : les mains doivent être appliquées l'une contre l'autre, et la tête entre les bras. Si le coup de jarret donné en s'élançant de terre est trop fort, l'on tombe à la renverse et l'on donne un *plat-dos* ; si l'élan n'a pas été assez fort, on tombe sur la figure ou sur la poitrine, ou sur le ventre (*plat-ventre*). Si les cuisses ne sont pas bien étendues, de manière à présenter le moins de surface possible à l'eau, on reçoit un choc sur le devant des cuisses (*plat-cuisses*).

Dans toutes ces positions irrégulières, si l'on s'élance d'un lieu élevé, le choc de l'eau est assez douloureux pour causer instantanément une rougeur vive, et quelquefois même un évanouissement, si le choc a lieu sur toute la partie antérieure du corps.

Il est bien nécessaire aussi de s'habituer à nager avec des vêtements. On commence par garder un pantalon, puis un gilet, puis tous les vêtements. On est bien plus sûr de soi en cas d'accident, où le moindre retard pourrait être dangereux.

Secours aux noyés

Lorsqu'on ne peut atteindre avec une perche ou avec une corde, une personne en danger de se noyer, il faut se jeter à l'eau et s'approcher par derrière pour la saisir brusquement sous les aisselles, la pousser en avant et nager des pieds avec vigueur pour la ramener à bord ; si le noyé a perdu connaissance on peut le prendre par les vêtements ou par les cheveux. Sans ces précautions on s'expose à être saisi avec violence et à se noyer avec lui.

Lorsqu'on a amené à terre un noyé sans connaissance, il faut :

1º Appeler un médecin ; mais, avant son arrivée, déshabiller le noyé, le sécher, l'envelopper dans des couvertures de laine, le coucher en élevant la tête plus que le corps.

2º Débarrasser la bouche de tout ce qui pourrait gêner le passage de l'air.

3º Presser la poitrine pour imiter les mouvements de la respiration.

4º Frictionner la poitrine et les membres avec une brosse ou des morceaux de laine.

5º Lorsque la respiration et la circulation seront rétablies, faire prendre une cuillerée d'eau-de-vie avec deux cuillerées d'eau sucrée chaude.

Puis donner un lavement d'eau salée avec une cuillerée de sel gris.

Il est important de ne pas abandonner un noyé ayant que la mort n'ait été constatée par un médecin. On en a vu revenir à la vie après cinq ou six heures de soins qu'on regardait comme inutiles.

EFFETS HYGIÉNIQUES

DES BAINS FROIDS ET DES BAINS CHAUDS

Bains froids

Au-dessous de 18o centigrades

Tout ce que nous allons dire du bain froid est relatif à la constitution du baigneur : ainsi un homme valétudinaire éprouvera tous ces symptômes à 20°, tandis qu'un individu sanguin ne les ressentira qu'à 10°.

Lorsqu'on se plonge dans un bain froid, il y a d'abord frisson ; les papilles de la peau deviennent apparentes ; la respiration se précipite, et il se produit ce qu'on appelle la chair de poule. Un instant après, chez les hommes vigoureux, la peau rougit, la circulation s'active, il y a fréquence du pouls ; mais le sentiment du froid reparaît bientôt, moindre que la première fois; le pouls se ralentit, la peau pâlit, les vaisseaux superficiels disparaissent, la transpiration diminue : de là l'augmentation de la sécrétion urinaire ; le corps perd de son volume, il survient de l'engourdissement, des crampes, des douleurs de tête.

Lorsqu'on en sort, tous les phénomènes changent, la peau rougit et devient brûlante, il y a sentiment de chaleur et de force ; la circulation s'accélère. Il agit alors comme tonique.

Chez les individus faibles, au contraire, les douleurs de tête et la sécheresse de la peau, la teinte violacée des lèvres et des ongles, persistent encore longtemps, et ce n'est que quelques heures après, qu'un mouvement de fièvre parvient à établir l'équilibre de la chaleur : c'est pour hâter cette réaction que l'on conseille aux personnes un peu faibles de faire toujours de l'exercice après le bain froid, pour qu'il ne puisse leur nuire.

En général, il ne convient pas aux individus débiles, aux enfants et aux vieillards. Chez les enfants, il peut causer des convulsions. On a beaucoup argué de l'exemple des sauvages, qui plongent leurs enfants dans l'eau glacée, et leur conservent par ce moyen une constitution vigoureuse. Mais les pratiques des sauvages ne conviennent pas toutes à l'homme civilisé, qui a déjà subi l'influence de nombreuses causes débilitantes.

Le bain froid peut produire l'apoplexie chez des vieillards ou des individus pléthoriques. D'autrefois il en résulte des dérangemens dans la digestion, des coliques, des hémorrhoïdes, la diarrhée. L'usage des bains froids est particuliérement redoutable pour les individus qui ont des maladies de poitrine (rhume, catarrhe, asthme, battemens de cœur, anévrismes), pour ceux qui crachent le sang ou qui en rendent par les selles, pour tous ceux qui ont des rhumatismes, des dartres.

Il faut toujours sortir du bain froid après le premier frisson, parce que si l'on attend le second, la réaction est bien plus difficile à obtenir.

Sanctorius a trouvé qu'après le bain froid on devient sensiblement plus léger ; le corps diminue beaucoup de volume ; ainsi les bagues étroites entrent alors très-facilement dans les doigts, les traits sont tirés, il semble qu'on ait maigri.

Influence des Bains de mer et de rivière
sur la santé des femmes.

Depuis quelques années, il se fait dans les grandes villes, et surtout à Paris, une révolution remarquable dans les habitudes des femmes. Autrefois, on comptait à peine quelques établissements de bains de rivière qui leur fussent destinés; et encore ces bains avaient-ils une fort mauvaise réputation. Maintenant, les personnes auxquelles leur position, leurs occupations ou des liens de famille interdissent les voyages et les bains de mer, trouvent des établissements fort bien tenus, où l'on veille tout à la fois au confortable, à la sécurité et à la décence. La mode a pris les bains froids sous un patronage, et, cette fois au moins, elle se trouve d'accord avec les lois de l'hygiène.

Chaque été, de toutes les parties de la France, les chemins de fer transportent au bord de la mer toutes les femmes qui peuvent se permettre ce voyage; et celles qui restent prisonnières dans nos villes se rendent aux écoles de natation.

Les femmes sont admirablement conformées pour nager; la nature les a pourvues sur toute la surface du corps, d'une couche de tissu cellulaire graisseux. C'est ce tissu cellulaire qui arrondit leurs formes, qui voile les saillies musculaires et osseuses. Cette conformation rend leur corps plus léger que l'eau, si elles ont soin, lorsqu'elles nagent, de garder dans la poitrine une certaine quantité d'air.

La plupart des femmes, à Paris surtout, abusent des bains chauds. Les bains pris trop souvent à cette température ramollisent beaucoup les chairs et leur donnent une blancheur blafarde. Les bains de rivière et surtout ceux de mer peuvent très-bien porter remède à ces inconvénients.

La respiration de l'air méphytique des passages, des cafés, des restaurants, des salles de spectacle, de bal et de concert, dans tous les lieux de réunion nombreuse, attaque la vie par sa base en altérant directement la composition du sang et les matériaux qu'il cède à tous nos organes. La vie inactive et sédentaire, le séjour prolongé au lit, viennent encore en aide à cette cause puissante de maladie. Aussi les femmes ont-elles, en général, une santé déplorable dans les grandes villes. Toutes les maladies nerveuses auxquelles elles sont assujetties sont une protestation incessante et énergique de tous les organes contre le sang appauvri qu'ils reçoivent. Ces maladies font le désespoir des malades et des médecins.

De tout temps on a reconnu que les bains froids ont une influence précieuse et incontestable pour guérir, et surtout pour prévenir les maladies nerveuses. L'impression du froid sur la peau, les mouvements de la natation, la respiration d'un air pur, la gaîté même qui préside toujours à cet exercice, tout contribue à donner du ton à nos tissus, à faciliter les fonctions, à rendre la circulation du sang et des humeurs plus rapide, la digestion plus complète, la respiration plus large. Et cette dispersion puissante de l'activité vitale dans toutes les parties du corps contrebalance pour quelque temps la concentration intellectuelle dans laquelle la civilisation moderne nous fait vivre.

Les femmes affaiblies doivent prendre d'abord des bains d'un quart d'heure, le matin et le soir ; puis en augmenter peu à peu la durée, sans jamais dépasser la limite de ce qu'elles peuvent faire, de crainte de se donner une courbature ; elles seront étonnées, à la fin d'une saison, de tout ce qu'elles auront gagné en force, en santé et même en énergie morale. Les bains de mer, ayant une action beaucoup plus tonique, ne pourront jamais être aussi prolongés.

Les femmes qui sont atteintes de pâles couleurs, d'abaissements de l'utérus, de faiblesse générale, de digestions difficiles, de dérangements dans la menstruation et de ces mille maladies sans nom qui sont le tourment de leur existence, doivent prendre des bains froids pendant toute la saison d'été, et pour en éprouver tous les bons effets, elles doivent se livrer à l'exercice de la natation.

Les bains de rivière peuvent aussi modifier puissamment les constitutions scrofuleuses et aider beaucoup le traitement de ces maladies si communes chez les jeunes filles ; en général, ils sont très-utiles aux enfants des deux sexes.

Il y a cependant certaines maladies auxquelles

les bains froids pourraient donner une activité funeste. Ainsi, toutes les personnes qui sont atteintes de crachements de sang, de toux opiniâtre ou de palpitations causées par une maladie organique du cœur, ne doivent jamais s'exposer à l'influense des bains froids. Leur maladie s'exaspèrerait infailliblement, et pourrait leur enlever les chances de guérison qu'elles peuvent trouver dans un traitement et un régime convenables.

Bains frais

De 18 à 25º centigrades

Le bain frais peut agir comme calmant chez les hommes sanguins et robustes, tandis que chez la plupart des individus, surtout parmi les débiles habitants des grandes villes, il devient un tonique excellent. C'est là la température que doivent toujours choisir, pour se livrer à la natation, les enfants, les femmes et les hommes qu'une vie sédentaire a rendus incapables d'une forte réaction. Mais l'eau des rivières a souvent une température inférieure à celle-là.

Le bain frais produit d'abord un frisson passager ; la circulation se ralentit, un refroidissement s'opère, mais il n'a rien de pénible. Après ce bain, on se sent plus de force, de gaîté ; l'appétit est plus vif, la digestion plus facile.

C'est la température que l'on peut supporter le plus longtemps sans inconvénient. Lorsqu'on ne

fait aucun mouvement, il ne faut pas qu'il dure
au-delà de dix minutes ; mais on peut le répéter
plusieurs fois dans la journée. Pour en éprouver
tous les bons effets, il faut se livrer à l'exercice
de la natation.

. On sait que les marins et les pêcheurs ont la
peau plus basanée que les paysans qui travaillent
à la terre, quoique ceux-ci soient plus souvent
exposés au soleil. C'est que les rayons solaires
agissent doublement sur la peau des marins ; directement d'abord, puis après avoir été réfléchis
par l'eau. Cela explique. la facilité avec laquelle
les nageurs sont atteints de coups de soleil. Ces
érysipèles peuvent devenir graves lorsqu'ils se
développent sur la tête ; aussi conseille-t-on aux
nageurs de pas rester trop longtemps au soleil
sans plonger.

Le *bain de mer* a l'action ordinaire des bains
frais ; il agit en outre par une pression plus forte
sur toute la surface du corps, parce que la densité de l'eau de mer est plus grande que celle de
l'eau douce ; il agit aussi comme tonique par le
contact des substances qui entrent dans sa composition. Ces bains facilitent la digestion et la

respiration, régularisent la circulation, et font prédominer le système artériel sur le système veineux et lymphatique, ils réussissent très-bien sur les individus à chair molle, excepté sur ceux qui ne sont pas capables d'opérer une réaction suffisante ; ils peuvent nuire aussi aux hommes sanguins, disposés aux congestions cérébrales et aux hémorrhagies.

On en fait surtout usage contre les scrofules, les engorgements articulaires, la chlorose, les déviations des membres et de la colonne vertébrale, et toutes les maladies nerveuses. Mais on n'éprouve tous les bons effets des bains de mer que si l'on s'y livre à la natation.

On administre les bains de mer, selon les cas, en bains d'immersion ou de surprise ; en bain à la lame, en exposant le malade au choc de flot ; en bains d'ondée ou de pluie ; dans plusieurs localités on prend le bain de mer dans une sorte de cabinet flottant ou sous une tente.

Souvent on n'emploie l'eau de mer qu'en lotions sur les bras ou sur les jambes, chez les personnes irritables chez lesquelles un grand bain causerait la fièvre.

D'autres fois, pour les individus incapables de réagir contre le froid, on fait chauffer légèrement l'eau de mer dans une baignoire, et même on la coupe d'eau douce ou d'un autre liquide médicamenteux.

Bains tièdes

de 26 à 33° centigrades.

La température de 26 à 33 degrés est la plus convenable pour les bains de propreté et pour toutes les petites indispositions ; dans un bain tiède le pouls se ralentit, surtout lorsqu'une maladie l'a rendu plus fréquent. Ce bain assouplit la peau, repose les membres, calme les sens ; l'épiderme détrempé par le contact prolongé de l'eau tiède, ne protège plus autant les papilles nerveuses, et la sensibilité de la peau augmente momentanément ; il faut alors la garantir soigneusement de l'air froid,

Le bain tiède doit durer environ trois quarts d'heure ; en sortant de l'eau, on s'essuie rapidement et avec soin à l'aide de linges secs et chauds; si l'on éprouve un frisson, il faut frotter rudement la peau avec les linges, afin de rappeler la chaleur à la surface.

Le bain tiède convient dans les constipations, dans les fièvres éphémères, causées par la fatigue, les émotions violentes ou les mauvaises digestions; il diminue la sécheresse de la peau et calme certaines maladies nerveuses.

Mais l'abus des bains tièdes rend la peau flasque et pâle, prédispose aux maladies lymphatiques et nerveuses, et peut détériorer tout à fait la santé. Il ne faut jamais prendre de bains fréquents sans l'avis de son médecin, les femmes pâles et faibles doivent se borner à un seul par mois.

Les personnes nerveuses ont ordinairement la mauvaise habitude de prendre les bains trop chauds ; ils sont trop chauds si les joues se colorent plus que d'habitude et si l'on sent des battements artériels aux tempes. Ces bains peuvent causer beaucoup de mal ; il y a cependant des maladies contre lesquelles ils sont utiles, nous allons étudier leurs effets.

Bains chauds

au-dessus de 34° centigrades.

Ils ne doivent jamais être pris sans l'avis d'un médecin, ils peuvent être dangereux, surtout en été, pour les personnes qui ont la figure colorée, chez lesquelles le sang se porte toujours à la tête, chez celles qui ont une maladie de cœur ou de poitrine, des crachements de sang ou des hémorrhoïdes.

Lorsqu'on entre dans un bain au-dessus de 34° centigrades, la respiration et la circulation s'accélèrent, la peau rougit, les veines se gonflent, le volume du corps paraît augmenter, la tête s'alourdit, la face se couvre de sueur,

Les bains chauds diminuent l'appétit et les forces musculaires ; mais ils augmentent la chaleur animale, ils activent la circulation du sang et les fonctions de la peau. Ces bains doivent être très-courts, d'un quart d'heure environ, et les médecins qui les conseillent font souvent appliquer des compresses d'eau froide sur la tête pendant le bain.

Les bains très-chauds sont utiles pour rappeler une éruption dont la disparition fait craindre des accidents ; ils peuvent rendre aiguës et guérissables des inflammations chroniques qui ont résisté à tous les autres traitements. Cette température est souvent employée avec les eaux minérales, lorsque le médecin peut surveiller et diriger lui-même le traitement.

HYDROTHÉRAPIE
TRAITEMENT DES MALADIES PAR L'EAU FROIDE.

L'emploi de l'eau froide dans les maladies remonte à la plus haute antiquité. Les médecins ont toujours appliqué ce puissant moyen de traitement ; mais aucun n'en a étudié aussi bien les effets que Priesnitz, à Grœfenberg, C'était un vétérinaire qui, doué d'un talent remarquable d'observation et d'un esprit très-juste, acquit peu à peu une réputation européenne par ses cures merveilleuses.

Tous les corps savants de l'Europe ont envoyé des médecins étudier ses traitements, et la foule des malades qui venaient se mettre sous sa direction était si grande, qu'il s'est élevé une ville autour de l'auberge de son père, convertie maintenant en un établissement princier.

On a constaté que ce traitement peut guérir la

goutte, les *rhumatismes chroniques*, les *névralgies*, les *engorgements atoniques du foie, du pancréas et des glandes lymphatiques*, les *tumeurs blanches*, la *carie et la nécrose des os*, la *chorée*, l'*hystérie*, l'*obésité*, les *ulcères*, les *gastralgies*, les *gastrites* et les *entérites chroniques*, les *maladies de la peau*, les *maladies des voies urinaires*, enfin toutes celles qui sont causées par l'atonie générale ou locale.

Il y a maintenant dans toute l'Europe des établissements fondés pour ce genre de traitement. A Paris, on le trouve, au centre de la ville, aux *Bains de la Samaritaine*, sur la Seine, aux bains de la frégate ; ou bien aux *Néothermes*, rue de la Victoire; à *Chaillot*, près de Paris ; à *Bellevue*; à *Auteuil* et aux *Thernes*. Il y en aussi près de Lyon, près de Bordeaux, etc.

Voici la méthode de Priesnitz :

A quatre heures du matin, enveloppement avec un drap mouillé ou avec une couverture de laine; la chaleur s'élève peu à peu, la face se colore, la sueur ruisselle, on ouvre la fenêtre, et on fait boire tous les quarts d'heures un demi-verre d'eau froide, puis des grandes verrées, de telle manière que la sueur traverse le lit et coule dans la chambre.

Ensuite on démaillotte le malade et on l'immerge dans une cuve d'eau froide, il y reste une ou plusieurs minutes, en se donnant le plus de mouvement possible ; on le retire, on l'essuie, on le frotte ; il s'habille rapidement et va se promener au grand air. Les promenades sont disposées de manière qu'on rencontre une fontaine de kilomètre en kilomètre ; il faut y prendre à chacune un verre d'eau. La réaction s'opère à la peau, une douce chaleur, et un sentiment de bien-être se manifestent.

A huit heures, déjeûner de lait froid et pain bis, puis promenade d'une heure.

A onze heures, frictions générales avec un drap mouillé, un bain partiel froid, frictions sèches, puis gymnastique. Priesnitz faisait surtout scier ou fendre du bois.

A une heure, diner : potage, viande, légumes et fruits, eau pour boisson ; puis promenade par tous les temps.

De trois heures à quatre heures, immersion, ou douche froide, ou bain froid ; puis une promenade.

A huit heures, souper avec lait froid et pain bis.

A neuf heures, bain de pieds ou de siége froid, ou lavement froid.

A dix heures, coucher.

Lorsque les malades étaient faibles, les immersions, les lotions et les bains ne duraient qu'une seconde. Quelquefois même, on n'employait qu'un linge mouillé. Pour obtenir de bons résultats de ces traitements, il faut qu'ils se fassent dans un air pur, sur un lieu élevé, avec un courant d'air dans la pièce où l'on subit le traitement, et surtout avec beaucoup d'exercices variés.

Priesnitz, l'inventeur de cette méthode de traitement, était très-pâle, ainsi que toute sa famille; il avait même une fille chlorotique, C'est que, malgré son mérite incontestable, il poussait aux excès d'eau à l'intérieur et il voulait soumettre tous les tempéraments au même traitement.

Les médecins qui ont étudié cette puissante médication ont été obligés de modifier beaucoup les préceptes de Priesnitz.

Voici un résumé sommaire de ce qui se fait maintenant :

Préliminaires constants : Réchauffement modéré de la peau sans fatigue, et surtout sans épuisement, par la gymnastique ou par un bain de vapeur :

1º Selon les cas divers de maladie ou de tempérament, on emploie la *lotion froide,* ou l'*affusion,* ou le *bain de pluie,* ou la *friction avec un drap mouillé,* suivies immédiatement d'une friction sèche et d'un exercice gymnastique.

2º La *douche froide,* en pluie, en nappe ou en colonne verticale ou horizontale; il faut étendre les mains sur la tête pour amortir le choc. Quatre à cinq secondes suffisent au début, puis on augmente la durée graduellement d'une seconde; il faut toujours arrêter la douche lorsque la première sensation de froid cesse, que la respiration est plus facile; mais ne jamais attendre le deuxième refroidissement.

La douche excite beaucoup la peau et la fait rougir.

3º Le *bain de siége froid* (8 à 10 degrés), un quart d'heure au plus.

C'est un excitant.

4º Le *bain de siége frais* (15 à 20 degrés), il peut durer une heure.

C'est un sédatif ; il diminue la circulation locale et la chaleur.

5° Le *bain de pieds froid* (12 degrés) ; il doit atteindre à peine les chevilles ; frictions rudes dans l'eau. Les personnes robustes s'y réchauffent en dix minutes, les personnes faibles y restent moins longtemps, puis elles marchent beaucoup.

Plus l'eau est froide et plus le bain est court, plus l'excitation qu'il produit est grande.

On applique sur la tête, pendant ce bain, des compresses imbibées d'eau froide.

Ce bain est utile pour activer la circulation du sang dans les pieds et dans les jambes, et pour calmer les maux de tête.

6° *Enveloppement sec*, pendant deux heures, dans une couverture de laine repliée aux pieds ; couvrir d'un édredon maintenu par un drap de lit. On ouvre les fenêtres, et toutes les dix minutes on donne quelques gorgées d'eau froide dans un verre à biberon. La sueur est ordinairement très-abondante ; on met une compresse imbibée d'eau froide sur les parties du corps qui sont rebelles à la sudation.

Ce moyen est peu employé maintenant.

7º *Enveloppement humide;* on dispose un som-
mier de crin, un traversin de crin, une couverture
de laine, puis un drap mouillé sur lequel on
couche le malade, les bras étendus le long du
corps. On l'enveloppe avec le drap, puis avec la
couverture de laine; on entoure le cou avec soin.
On met ensuite un édredon, une seconde couverture par-dessus, puis un drap sec pour maintenir
le tout.

Ce procédé est préférable pour les personnes
dont la peau est chaude, sèche et irritable.

On éprouve d'abord un frisson, la chaleur re-
vient un quart d'heure ou une demi-heure après,
la transpiration commence après une autre demi-
heure, puis arrive un sommeil bienfaisant. Tout
cela dure deux heures.

En sortant de l'enveloppement sec ou humide,
on plonge un instant le malade dans une eau
froide (à 12 degrés; il faut cependant commencer
par 18 à 20 degrés; puis on abaisse la température d'un degré chaque jour). Ce plongeon doit
durer une minute environ, pendant laquelle on
fait des mouvements violents pour entretenir la
circulation.

Soins consécutifs. — Après tous ces procédés divers de refroidissement de la peau, il faut faire une friction rude avec un drap sec, jusqu'à ce que la peau soit très-rouge, puis s'habiller, faire une longue promenade, et boire une demi-verrée d'eau froide de demi-heure en demi-heure.

On emploie aussi avec succès, comme excitant local de la peau, la *ceinture mouillée.* On humecte l'extrémité d'un linge, on l'exprime, on l'applique sur la partie malade et l'on fait deux tours du linge sec par dessus.

La peau rougit, et ce moyen, continué assez longtemps, provoque souvent une éruption de furoncles.

Si l'on veut obtenir de ces compresses un effet sédatif, il faut les renouveler' toutes les cinq minutes.

Pendant les traitements hydrothérapiques, il faut user d'une *alimentation simple, sans excitants, froide et abondante.*

Pas d'eau-de-vie, de café, ni de liqueurs; la boisson doit être de l'eau rougie de vin aux repas, mais entre les repas de l'eau seule.

Exercices gymnastiques réguliers avant cha-

que repas et avant chaque application du traitement.

Les personnes sujettes à des congestions au
cerveau où à la poitrine; celles qui ont des palpitations ou des crachements de sang, doivent s'abs-
tenir de ces traitements, qui, du reste, dans tous
les cas, demandent à être dirigés par un médecin
prudent : c'est lui seul qui peut indiquer ce que
chacun doit faire et ce qu'il doit éviter. Les con-
ditions de maladie et de tempérament sont varia-
bles à l'infini.

Du reste, il en est de ce traitement comme de
toutes les médications puissantes, elles sont puissantes pour le bien comme pour le mal. L'art du
médecin consiste à savoir en tirer parti.

TABLE DES MATIÈRES

—

FIN DE LA TABLE.

Manuel du Savoir-Vivre, ou l'Art de se conduire selon
les convenances et les usages du monde, dans toutes les
circonstances de la vie et dans, les diverses régions de la
société. 1 joli vol. . . . . , ... 1 fr.

Le parfait langage des Fleurs, d'après les meilleurs
auteurs anciens et modernes ; de leurs propriétés, etc. 1
joli vol. illustré, Noir, 1 fr. — Colorié. . . . 1 fr. 50

Histoire naturelle des Papillons, suivie de la manière de s'en emparer, de les conserver en collections in-
altérables, et du Calendrier du Chasseur des papillons,
Chenilles et autres Insectes. 1 vol. in-8, orné de 16
planches, noir, 3 fr. — Colorié . . . . 5 fr.

Le Phénix des Alphabets, orné de 40 gravures avec
des exercices d'épellation, de calcul : suivi de Contes
moraux, de Conseils, de Fables choisies, etc. 1 volume
grand in-8, par le docteur Junius . Prix. . . . 2 fr.

Traité de Paysage, avec planches d'études graduées.
1 vol. in-8, par Goupil, Prix. . . . . 1 fr. 50

Manuel général de l'Ornement décoratif, appliqué
aux embellissements extérieurs et intérieurs, aux tentu-
res, à l'ameublement, aux vases, au costume, à la composition des jardins, etc. 1 vol. in-8, avec planches.
Prix. . . . . 1 fr. 50

Le Dessin expliqué, mis à la portée de toutes les intel-
ligences, 1 vol, in-8, orné de 30 sujets d'étude. . 1 fr.

L'Aquarelle et le Lavis, par Coupil, 1 vol. in-8, avec
planches . . . . , 1 fr.

Le Pastel, par Goupil, 1 vol. in-8, avec planches . 1 fr.

Guide du Peintre-Coloriste, comprenant le coloris des
gravures lithographies, vues sur verre, pour stéréoscope,
du Daguerréotype et la retouche de la Photographie à
l'aquarelle et à l'huile, par C. Lefebvre, 1 vol. in-8. 1 fr.

Méthode d'Écriture, graduée (paroles et actions des
hommes les plus illustres). 1 joli vol. oblong. . . 2 fr.

La Peinture à l'huile suivi d'un Traité de la Restauration des Tableaux, par Goupil, 1 vol. in-8. . . . . 1 fr.

La Miniature. 1 vol. avec planche d'étude. 1 fr.

Manuel vulgarisateur des connaissances artistiques, à l'usage des Artistes et Gens du monde, 1 v. avec modèles, Pr. 1 f.

Extrait de la Table

Vérités artistiques. — L'art. — L'écriture et le dessin. — Manière d'étudier, — Langage artistique. — Simplification du langage géométrique. — Règles générales. — Curiosités et merveilles. — Connaissance fondamentale. — Dessin sans instruments, etc. — Dessin d'après la bosse. — Modelages. — Formes plastiques. — Moyen d'étudier la perspective. —Du paysage. — Récréations artistiques. — Le polémoscope. —Les objets miroitants. — De la couleur, du ton. — Couleurs de la lumière sidérale. — Couleurs symboliques. — Couleurs lapidaires. — Effet moral des couleurs. — Mosaïque en fleurs.—Pour faire une bonne aquarelle. — Gravures en couleur. — Peinture à la gouache.— Peinture à la fresque. — Peinture à la cire. -- Rentoilage de peinture. -- Peinture des stores. -- Peinture sur porcelaine. -- Peinture sur verre. -- Imitation des laques de Chine, etc. -- Dessin en cheveux.-- Recettes artistiques. -- Conseils aux artistes.

Guide du Peintre-Coloriste, comprenant le coloris des gravures, lithographies, vues sur verre, pour stéréoscope ; du Daguerréotype et la retouche de la Photographie à l'aquarelle et à l'huile, par C. Lefebvre, 1 vol. in-8. Prix. . . . . . . 1 fr.

ROUBAIX, IMP. LESGUILLON

www.ingramcontent.com/pod-product-compliance
Lightning Source LLC
LaVergne TN
LVHW022333170726
843503LV00006B/2867